La mère poule

Bibliothèque nationale du Québec

▲ Les poules vivent à la ferme.

Cocorico!

Le jour se lève et les coqs chantent.
Cocorico, cocorico!
C'est à qui chantera le mieux et le
plus fort!

► Le coq gonfle sa poitrine et chante à plein gos

Une plume du cou

Une plume de l'aile

Une plume de la queue

Une plume du ventre

Pas doués pour la voltige

La poule et le coq sont des oiseaux.
Ils ont des plumes et des ailes.
Mais ils ont beau battre des ailes, ils ne
voleront jamais très haut ou très loin.
La poule et le coq sont trop lourds pour
pouvoir bien voler.

▲ Tant d'efforts
pour un tout
petit bond...

▲ La poule doit
rassembler tout
son courage avant
d'oser sauter.

▲ "Allons à la recherche d'un bon petit repas."

▲ "Il y aura bien un petit quelque chose sous ce seau?"

▲ Les poules mangent aussi des petits cailloux.

▲ "Ils ne m'ont vraiment rien laissé!"

J'ai faim!

La poule gratte dans la boue,
fouille le sable... Elle est toujours
à la recherche de nourriture.
C'est de cette façon qu'elle
occupe sa journée. Les poules
aiment le grain, les miettes de
pain, l'herbe tendre et les
petits insectes.
Elles ne sont pas difficiles!

▲ Les poules n'ont pas de dents.

J'ai soif!

Gloup, gloup, une bonne gorgée d'eau.
Lorsqu'une poule a soif, elle ouvre grand
son bec et sa gorge se met à bouger.
Elle plonge le bec dans l'eau et se redresse.
Ensuite, elle gonfle son gosier et avale
l'eau. Puis elle boit encore, et encore,
gorgée par gorgée.

▲ "J'ai le gosier sec!"

▲ "Rien de tel qu'un peu d'eau fraîche!"

▼ La poule et le coq ne savent pas nager car leurs pattes ne sont pas palmées.

De-ci, de-là...

Quand elles sont rassasiées et qu'elles ont assez bu, les poules se promènent.
Grâce à leurs longues pattes, elles peuvent faire de grands pas. En même temps, elles gardent un œil sur tout ce qui se passe autour d'elles.
Le coq, quant à lui, parade fièrement comme un roi.

▶ Des pattes solides et de grosses griffes.

◄▼ Un bon bain de sable et de gravier

▼ A l'aide de son bec pointu, la poule retire la saleté logée entre ses griffes.

C'est l'heure du bain!

La poule n'utilise pas d'eau pour se laver. Elle se roule dans le sable et le gravier. Elle déploie ses ailes pour battre le sable et le faire voler autour d'elle. La poussière se soulève de partout. La poule lisse alors ses plumes avec son bec et celles-ci sont à nouveau propres et brillantes.

◄ La poule se secoue pour retirer le sable de ses plumes.

▼ Elle déploie ses ailes.

◄ Elle lisse ses plumes.

▼ Et maintenant c'est au tour des pattes.

▲ La poule est plus petite que le coq.

▲ Les plumes du coq sont solides et longues. Elles ont de magnifiques couleurs.

Poule ou coq?

La crête du coq est grande et rouge. Ses plumes sont brillantes et les plumes de sa queue sont longues.

Il a quelquefois l'air très fier lorsqu'il se tient debout, la tête dressée et le gosier bombé.

La crête de la poule est plus petite et ses plumes sont fines et douces comme du duvet. Elles forment un nid douillet pour les poussins.

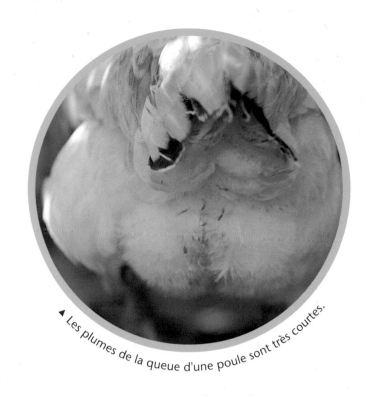

▲ Les plumes de la queue d'une poule sont très courtes.

▼ Le corps d'une poule paraît rond et dodu.

"Bonjour,
beau mâle!"

"Tes plumes sont
emmêlées."

"Laisse-nous les
lisser pour toi."

Des mots doux...

La poule rencontre le coq.
Elle le salue, lui murmure des
mots doux à l'oreille, lui donne
des petits coups de bec tels des
baisers. Que se passe-t-il?
La poule et le coq sont
amoureux.

"Hop! Un baiser!"

"Veux-tu m'épouser?"

▲Maman poule pond ses œufs.

Voilà les poussins!

A l'aide de leur bec, les poussins cassent
la coquille de l'œuf pour sortir. Une fois
nés, ils cherchent de la nourriture.

Ils aiment se serrer les uns contre les
autres et se suivent partout. Si l'un
d'eux va vers la gauche, tous les autres
vont vers la gauche.

Ils n'aiment pas la solitude!

▲ Le bec du poussin

▲ Même pour manger, ils restent groupés.

▲ Ensemble, ils se sentent en sécurité.

▲ Les poussins sont mignons et drôles à regarder.
▼ Une petite patte vue de près

▲ Un repas en famille

▲ Où que maman aille,
tous ses poussins la
suivent.

En promenade

Maman poule emmène ses poussins partout. Elle est très attentionnée et prend bien soin de sa progéniture. Elle regarde toujours autour d'elle pour surveiller ses poussins et pour s'assurer qu'ils sont bien tous là.

▲ Près de maman, on est tranquille et bien au chaud.

▲ Le coq aime se reposer haut perché.

L'heure de la sieste

Pour faire une bonne sieste,
il faut trouver un endroit
frais. On se roule en boule
à l'ombre d'un arbre, ou on
s'agrippe fortement à l'une
de ses branches.
Nous voilà prêts pour une
bonne sieste bien méritée!

▲ En se serrant un peu, il y a de l'ombre pour tout le monde!

▲ "Ici au moins, je ne serai pas dérangée."